Khalil Gibran

DER PROPHET

KHALIL GIBRAN

Der Prophet

Mit Illustrationen von
Stefanie Nickel

Patmos Verlag

VERLAGSGRUPPE PATMOS

PATMOS
ESCHBACH
GRÜNEWALD
THORBECKE
SCHWABEN

Die Verlagsgruppe
mit Sinn für das Leben

Der amerikanische Originaltitel lautet: The Prophet
Aus dem Englischen von Karin Graf
Die Übersetzerin dankt Ellen Schepp-Winter für ihre Unterstützung

FSC www.fsc.org MIX Papier aus verantwortungsvollen Quellen FSC® C014496

Für die Schwabenverlag AG ist Nachhaltigkeit ein wichtiger Maßstab ihres Handelns. Wir achten daher auf den Einsatz umweltschonender Ressourcen und Materialien. Dieses Buch wurde auf FSC®-zertifiziertem Papier gedruckt. FSC (Forest Stewardship Council®) ist eine nicht staatliche, gemeinnützige Organisation, die sich für eine ökologische und sozial verantwortliche Nutzung der Wälder unserer Erde einsetzt.

Neuausgabe 2014

www.patmos.de

Gestaltung: Finken & Bumiller, Stuttgart
Illustrationen: Stefanie Nickel
Druck: GGP Media GmbH, Pößneck
Hergestellt in Deutschland
ISBN 978-3-8436-0499-4

Inhalt

Die Ankunft des Schiffes

Almustafa, der Erwählte und Geliebte, der seinerzeit eine Morgenröte war, hatte zwölf Jahre in der Stadt Orphalese auf sein Schiff gewartet, das wiederkommen und ihn zur Insel seiner Geburt zurückbringen sollte.

Und im zwölften Jahr, am siebten Tag des Jelul, des Monats der Ernte, erstieg er den Hügel jenseits der Stadtmauern und schaute zur See; und er sah sein Schiff mit dem Nebel nahen.

Da wurden die Tore seines Herzens aufgeschwungen, und seine Freude flog weit über das Meer. Und er schloss die Augen und betete in der Stille seiner Seele.

Aber als er den Hügel hinabstieg, überkam ihn eine Traurigkeit, und er dachte in seinem Herzen:

Wie soll ich in Frieden und ohne Trauer gehen? Nein, nicht ohne Wunde im Geist werde ich diese Stadt verlassen.

Lang waren die Tage der Qual, die ich in ihren Mauern verbrachte, und lang waren die Nächte der Einsamkeit; und wer kann seine Qual und seine Einsamkeit ungerührt hinter sich lassen?

Zu viel von meinem Geist habe ich in diesen Straßen verströmt, und zu zahlreich sind die Kinder meiner Sehnsucht, die nackt in diesen Hügeln wandern, und ich kann mich nur schwer und mit Schmerzen von ihnen zurückziehen.

Es ist kein Gewand, das ich heute ablege, sondern eine Haut, die ich mir mit eigenen Händen abreiße.

Auch ist es kein Gedanke, den ich hinter mir lasse, sondern ein Herz, süß vor Hunger und Durst.

Doch kann ich nicht länger bleiben.

Das Meer, das alles zu sich ruft, ruft mich, und ich muss das Schiff besteigen.

Denn zu bleiben, auch wenn die Stunden in der Nacht brennen, hieße zu gefrieren und unbeweglich zu werden und in einer Form zu erstarren.

Gern nähme ich alles, was hier ist, mit mir. Aber wie wäre mir das möglich?

Eine Stimme kann nicht die Zunge und die Lippen mit sich tragen, die ihr Flügel gaben. Allein muss sie in den Äther hinaus.

Allein und ohne sein Nest muss der Adler zur Sonne fliegen.

Als er nun unten am Hügel angekommen war, wandte er sich wieder dem Meer zu, und er sah sein Schiff in den Hafen einlaufen und auf dem Bug die Seeleute, die Männer seines eigenen Landes.

Und seine Seele rief hinaus zu ihnen, und er sagte:

Söhne meiner ehrwürdigen Mutter, ihr Reiter der Gezeiten, wie oft seid ihr in meinen Träumen gesegelt. Und nun kommt ihr in meinem Wachen, das mein tieferer Traum ist.

Ich bin bereit zu gehen, und meine Ungeduld erwartet mit gesetzten Segeln den Wind.

Nur einen Atemzug noch will ich tun in dieser stillen Luft, nur einen liebenden Blick noch zurückwerfen,

Und dann werde ich unter euch stehen, ein Seefahrer unter Seefahrern.

Und du, unermessliches Meer, schlafende Mutter,

Die du allein dem Fluss und dem Strom Frieden und Freiheit bist,

Nur eine Biegung noch wird dieser Strom machen, nur ein Murmeln noch in diesem Hain,

Und dann werde ich zu dir kommen, ein grenzenloser Tropfen in einem grenzenlosen Ozean.

Und als er weiterging, sah er von weitem Männer und Frauen ihre Felder und Weinberge verlassen und zu den Stadttoren eilen.

Und er hörte, wie ihre Stimmen seinen Namen riefen und von Feld zu Feld schrien, um einander laut die Ankunft seines Schiffes mitzuteilen.

Und er sagte zu sich:

Soll der Tag des Abschieds der Tag der Ernte sein?

Und soll das heißen, dass mein Abend in Wahrheit meine Morgenröte war?

Und was soll ich dem geben, der seinen Pflug mitten auf dem Feld gelassen hat, oder dem, der das Rad seiner Weinpresse angehalten hat?

Wird mein Herz ein Baum werden, schwer von Früchten, die ich pflücken und ihnen schenken kann?

Und werden meine Wünsche fließen wie eine Quelle, damit ich ihre Becher füllen kann?

Bin ich eine Harfe, damit die Hand des Mächtigen mich berühren kann, oder eine Flöte, damit sein Atem mich durchstreifen kann?

Ein Sucher der Stille bin ich, und welchen Schatz habe ich in der Stille gefunden, den ich mit Zuversicht verteilen kann?

Wenn dies mein Tag der Ernte ist, in welche Felder habe ich den Samen gesät und zu welchen vergessenen Jahreszeiten?

Wenn dies wirklich die Stunde ist, in der ich meine Laterne hochhalte, dann ist es nicht meine Flamme, die darin brennt.

Leer und dunkel werde ich meine Laterne erheben,

Und der Wächter der Nacht wird sie mit Öl füllen, und er wird sie auch anzünden.

Diese Dinge drückte er mit Worten aus. Doch vieles in

seinem Herzen blieb ungesagt. Denn er selbst konnte sein tieferes Geheimnis nicht aussprechen.

Und als er die Stadt betrat, kamen alle Menschen ihm entgegen, und sie riefen ihm zu wie mit *einer* Stimme.

Und die Ältesten der Stadt traten vor und sagten:

Geh noch nicht fort von uns.

Eine Mittagszeit bist du in unserer Dämmerung gewesen, und deine Jugend hat uns Träume zu träumen gegeben.

Kein Fremder bist du unter uns, auch kein Gast, sondern unser Sohn und innigst Geliebter. Lass unsere Augen noch nicht nach deinem Angesicht hungern.

Und die Priester und Priesterinnen sagten zu ihm:

Lass nicht zu, dass die Wellen des Meeres uns jetzt trennen und die Jahre, die du in unserer Mitte verbracht hast, zur Erinnerung werden.

Du bist unter uns als Geist umhergegangen, und dein Schatten ist ein Licht auf unseren Gesichtern gewesen.

Sehr haben wir dich geliebt. Aber sprachlos war unsere Liebe und mit Schleiern umhüllt.

Nun aber ruft sie laut zu dir und möchte unverhüllt vor dir stehen.

Und seit jeher war es so, dass die Liebe erst in der Stunde der Trennung ihre eigene Tiefe erkennt.

Und andere kamen auch und flehten ihn an. Aber er antwortete ihnen nicht. Er neigte nur den Kopf; und die in der Nähe standen, sahen Tränen auf seine Brust fallen.

Und er und die Menschen schritten zu dem großen Platz vor dem Tempel.

Und aus dem Heiligtum kam eine Frau, deren Name Almitra war. Und sie war eine Seherin.

Und er schaute sie mit unendlicher Zärtlichkeit an, denn sie hatte ihn als Erste aufgesucht und an ihn geglaubt, als er gerade einen Tag in ihrer Stadt gewesen war.

Und sie begrüßte ihn und sagte:

Prophet Gottes, auf der Suche nach den letzten Dingen, lange hast du die Ferne nach deinem Schiff abgesucht.

Und nun ist dein Schiff gekommen, und du musst gehen.

Tief ist deine Sehnsucht nach dem Land deiner Erinnerungen und der Heimat deiner größeren Wünsche, und unsere Liebe wird dich nicht binden, noch werden unsere Bedürfnisse dich halten.

Um eines jedoch bitten wir, ehe du uns verlässt: dass du zu uns sprichst und uns von deiner Wahrheit abgibst.

Und wir werden sie unseren Kindern weitergeben und sie ihren Kindern, und sie wird nicht vergehen.

In deiner Einsamkeit hast du über unsere Tage gewacht, und in deinem Wachen hast du dem Weinen und Lachen unseres Schlafs gelauscht. Daher mach, dass wir uns selbst erkennen, und sage uns alles, was dir gezeigt wurde von dem, was zwischen Geburt und Tod ist.

Und er antwortete: Leute von Orphalese, worüber könnte ich sprechen, wenn nicht von dem, was sich selbst jetzt in euren Seelen rührt?

Von der Liebe

Da sagte Almitra: Sprich uns von der Liebe.

Und er hob den Kopf und sah auf die Menschen, und es kam eine Stille über sie. Und mit lauter Stimme sagte er:

Wenn die Liebe dir winkt, folge ihr,

Sind ihre Wege auch schwer und steil.

Und wenn ihre Flügel dich umhüllen, gib dich ihr hin,

Auch wenn das unterm Gefieder versteckte Schwert dich verwunden kann.

Und wenn sie zu dir spricht, glaube an sie,

Auch wenn ihre Stimme deine Träume zerschmettern kann, wie der Nordwind den Garten verwüstet.

Denn so, wie die Liebe dich krönt, kreuzigt sie dich.

So wie sie dich wachsen lässt, beschneidet sie dich.

So wie sie emporsteigt zu deinen Höhen und die zartesten Zweige liebkost, die in der Sonne zittern,

Steigt sie hinab zu deinen Wurzeln und erschüttert sie in ihrer Erdgebundenheit.

Wie Korngarben sammelt sie dich um sich.

Sie drischt dich, um dich nackt zu machen.

Sie siebt dich, um dich von deiner Spreu zu befreien.

Sie mahlt dich, bis du weiß bist,

Sie knetet dich, bis du geschmeidig bist.

Und dann weiht sie dich ihrem heiligen Feuer, damit du heiliges Brot wirst für Gottes heiliges Mahl.

All dies wird die Liebe mit dir machen, damit du die Geheimnisse deines Herzens kennen lernst und in diesem Wissen ein Teil vom Herzen des Lebens wirst.

Aber wenn du in deiner Angst nur die Ruhe und die Lust der Liebe suchst,

Dann ist es besser für dich, deine Nacktheit zu bedecken und vom Dreschboden der Liebe zu gehen,

In die Welt ohne Jahreszeiten, wo du lachen wirst, aber nicht dein ganzes Lachen, und weinen, aber nicht all deine Tränen.

Liebe gibt nichts als sich selbst und nimmt nichts als von sich selbst.

Liebe besitzt nicht, noch lässt sie sich besitzen;

Denn die Liebe genügt der Liebe.

Wenn du liebst, solltest du nicht sagen:

»Gott ist in meinem Herzen«, sondern: »Ich bin in Gottes Herzen.«

Und glaube nicht, du kannst den Lauf der Liebe lenken, denn die Liebe, wenn sie dich für würdig hält, lenkt *deinen* Lauf.

Liebe hat keinen anderen Wunsch, als sich zu erfüllen.

Aber wenn du liebst und Wünsche haben musst, sollst du dir dies wünschen:

Zu schmelzen und wie ein plätschernder Bach zu sein, der seine Melodie der Nacht singt.

Den Schmerz allzu vieler Zärtlichkeit zu kennen.

Vom eigenen Verstehen der Liebe verwundet zu sein;

Und willig und freudig zu bluten.

Bei der Morgenröte mit beflügeltem Herzen zu erwachen und für einen weiteren Tag des Liebens dankzusagen;

Zur Mittagszeit zu ruhen und über die Verzückung der Liebe nachzusinnen;

Am Abend mit Dankbarkeit heimzukehren;

Und dann einzuschlafen mit einem Gebet für den Geliebten im Herzen und einem Lobgesang auf den Lippen.

Von der Ehe

Dann sprach Almitra abermals und sagte:

Und was ist mit der Ehe, Meister?

Und er antwortete und sprach:

Ihr wurdet zusammen geboren, und ihr werdet auf immer zusammen sein.

Ihr werdet zusammen sein, wenn die weißen Flügel des Todes eure Tage scheiden.

Ja, ihr werdet selbst im stummen Gedenken Gottes zusammen sein.

Aber lasst Raum zwischen euch,

Und lasst die Winde des Himmels zwischen euch tanzen.

Liebt einander, aber macht die Liebe nicht zur Fessel:

Lasst sie eher ein wogendes Meer zwischen den Ufern eurer Seelen sein.

Füllt einander den Becher, aber trinkt nicht aus *einem* Becher.

Gebt einander von eurem Brot, aber esst nicht vom selben Laib.

Singt und tanzt zusammen und seid fröhlich, aber lasst jeden von euch allein sein,

So wie die Saiten einer Laute allein sind und doch von derselben Musik erzittern.

Gebt eure Herzen, aber nicht in des anderen Obhut.

Denn nur die Hand des Lebens kann eure Herzen umfassen.

Und steht zusammen, doch nicht zu nah:

Denn die Säulen des Tempels stehen für sich,

Und die Eiche und die Zypresse wachsen nicht im Schatten der anderen.

Von den Kindern

Und eine Frau, die einen Säugling an der Brust hielt, sagte: Sprich uns von den Kindern.

Und er sagte:

Eure Kinder sind nicht *eure* Kinder.

Sie sind die Söhne und Töchter der Sehnsucht des Lebens nach sich selber.

Sie kommen durch euch, aber nicht *von* euch;

Und obwohl sie mit euch sind, gehören sie euch doch nicht.

Ihr dürft ihnen eure Liebe geben, aber nicht eure Gedanken,

Denn sie haben ihre eigenen Gedanken.

Ihr dürft ihren Körpern ein Haus geben, aber nicht ihren Seelen,

Denn ihre Seelen wohnen im Haus von morgen, das ihr nicht besuchen könnt, nicht einmal in euren Träumen.

Ihr dürft euch bemühen, wie sie zu sein, aber versucht nicht, sie euch ähnlich zu machen.

Denn das Leben läuft nicht rückwärts, noch verweilt es im Gestern.

Ihr seid die Bogen, von denen eure Kinder als lebende Pfeile ausgeschickt werden.

Der Schütze sieht das Ziel auf dem Pfad der Unendlichkeit, und Er spannt euch mit Seiner Macht, damit Seine Pfeile schnell und weit fliegen.

Lasst euren Bogen von der Hand des Schützen auf Freude gerichtet sein;

Denn so wie Er den Pfeil liebt, der fliegt, so liebt Er auch den Bogen, der fest ist.

Vom Geben

Dann sagte ein reicher Mann: Sprich uns vom Geben.

Und er antwortete:

Ihr gebt nur wenig, wenn ihr von eurem Besitz gebt.

Erst wenn ihr von euch selber gebt, gebt ihr wahrhaft.

Denn was ist euer Besitz anders als etwas, das ihr bewahrt und bewacht aus Angst, dass ihr es morgen brauchen könntet?

Und morgen, was wird das Morgen dem übervorsichtigen Hund bringen, der Knochen im spurlosen Sand vergräbt, wenn er den Pilgern zur heiligen Stadt folgt?

Und was ist die Angst vor der Not anderes als Not?

Ist nicht Angst vor Durst, wenn der Brunnen voll ist, der Durst, der unlöschbar ist?

Es gibt jene, die von dem Vielen, das sie haben, wenig geben – und sie geben um der Anerkennung willen, und ihr verborgener Wunsch verdirbt ihre Gaben.

Und es gibt jene, die wenig haben und alles geben.

Das sind die, die an das Leben und die Fülle des Lebens glauben, und ihr Beutel ist nie leer.

Es gibt jene, die mit Freude geben, und die Freude ist ihr Lohn.

Und es gibt jene, die mit Schmerzen geben, und der Schmerz ist ihre Taufe.

Und es gibt jene, die geben und keinen Schmerz beim Geben kennen:

Weder suchen sie Freude dabei, noch geben sie um der Tugend willen.

Sie geben, wie im Tal dort drüben die Myrte ihren Duft verströmt.

Durch ihre Hände spricht Gott, und aus ihren Augen lächelt Er auf die Erde.

Es ist gut zu geben, wenn man gebeten wird, aber besser ist es, wenn man ungebeten gibt, aus Verständnis.

Und für den Freigebigen ist die Suche nach einem, der empfangen soll, eine größere Freude als das Geben.

Und gibt es etwas, das ihr zurückhalten werdet?

Alles, was ihr habt, wird eines Tages gegeben werden;

Daher gebt jetzt, dass die Zeit des Gebens eure ist und nicht die eurer Erben.

Ihr sagt oft: »Ich würde geben, aber nur dem, der es verdient.«

Die Bäume in eurem Obstgarten reden nicht so, und auch nicht die Herden auf euren Weiden.

Sie geben, damit sie leben dürfen, denn zurückhalten heißt zugrunde gehen.

Sicher ist der, der würdig ist, seine Tage und Nächte zu erhalten, auch alles anderen von euch würdig.

Und der, der verdient hat, vom Meer des Lebens zu trinken, verdient auch, seinen Becher aus eurem Bach zu füllen.

Und welches Verdienst wäre größer als der Mut und das

Vertrauen, ja auch die Nächstenliebe, die im Empfangen liegt?

Und wer seid ihr, dass die Menschen sich die Brust zerreißen und ihren Stolz entschleiern sollten, damit ihr ihren Wert nackt und ihren Stolz entblößt seht?

Seht erst zu, dass ihr selber verdient, ein Gebender und ein Werkzeug des Gebens zu sein.

Denn in Wahrheit ist es das Leben, das dem Leben gibt – während ihr, die ihr euch als Gebende fühlt, nichts anderes seid als Zeugen.

Und ihr, die ihr empfangt – und ihr seid alle Empfangende –, bürdet euch nicht die Last der Dankbarkeit auf, damit ihr nicht euch und dem Gebenden ein Joch auferlegt.

Steigt lieber zusammen mit dem Gebenden auf seinen Gaben empor wie auf Flügeln;

Denn seid ihr euch eurer Schuld zu sehr bewusst, heißt das, die Freigebigkeit desjenigen zu bezweifeln, der die großherzige Erde zur Mutter und Gott zum Vater hat.

Vom Essen und Trinken

Dann sagte ein alter Mann, ein Gastwirt: Sprich uns vom Essen und Trinken.

Und er sagte:

Könntet ihr leben vom Duft der Erde und wie eine Luftpflanze vom Licht erhalten werden!

Aber da ihr töten müsst, um zu essen, und dem Neugeborenen die Muttermilch rauben müsst, um euren Durst zu stillen, lasst es eine andächtige Handlung sein.

Und euren Tisch lasst einen Altar sein, auf dem das Reine und Unschuldige des Waldes und des Feldes geopfert wird für das, was im Menschen noch reiner und unschuldiger ist.

Wenn ihr ein Tier tötet, sagt in eurem Herzen zu ihm:

»Durch die gleiche Macht, die dich tötet, werde auch ich getötet, und auch ich werde verzehrt werden.

Denn das Gesetz, das dich meiner Hand auslieferte, wird mich einer mächtigeren Hand ausliefern.

Dein Blut und mein Blut ist nichts als der Saft, der den Baum des Himmels nährt.«

Und wenn ihr mit den Zähnen einen Apfel zermalmt, sagt in eurem Herzen zu ihm:

»Deine Samen werden in meinem Körper leben,

Und die Knospen deines Morgens werden in meinem Herzen blühen,

Und dein Duft wird mein Atem sein,

Und zusammen werden wir uns aller Jahreszeiten erfreuen.«

Und im Herbst, wenn ihr die Trauben eurer Weinberge für die Kelter lest, sagt in eurem Herzen:

»Auch ich bin ein Weinberg, und meine Frucht wird für die Kelter gelesen werden,

Und wie neuer Wein werde ich in ewigen Gefäßen bewahrt werden.«

Und im Winter, wenn ihr den Wein zapft, lasst für jeden Becher ein Lied in eurem Herzen sein;

Und in dem Lied lasst eine Erinnerung an die Herbsttage und den Weinberg und die Kelter sein.

Von der Arbeit

Ein Landmann sagte: Sprich uns von der Arbeit.

Und er antwortete und sagte:

Ihr arbeitet, um mit der Erde und der Seele der Erde Schritt zu halten.

Denn müßig sein heißt, den Jahreszeiten fremd zu werden und auszuscheren aus dem Lauf des Lebens, das in Würde und stolzer Ergebung der Unendlichkeit entgegenschreitet.

Wenn ihr arbeitet, seid ihr eine Flöte, durch deren Herz

sich das Flüstern der Stunden in Musik verwandelt. Wer von euch wäre gern ein Rohr, stumm und still, wenn alles andere im Einklang singt?

Es ist euch immer gesagt worden, Arbeit sei ein Fluch und Mühsal ein Unglück.

Aber ich sage euch, wenn ihr arbeitet, erfüllt ihr einen Teil des umfassendsten Traums der Erde, der euch bei der Geburt dieses Traums zugeteilt worden ist.

Und wenn ihr Mühsal auf euch nehmt, liebt ihr das Leben wahrhaft.

Und das Leben durch Mühsal zu lieben, heißt mit dem innersten Geheimnis des Lebens vertraut zu sein.

Aber wenn ihr in eurem Schmerz die Geburt ein Leid nennt und die Erhaltung des Fleisches einen Fluch, der euch auf der Stirn geschrieben steht, dann erwidere ich, dass nur der Schweiß auf eurer Stirn das wegwaschen wird, was geschrieben steht.

Es ist euch auch gesagt worden, das Leben sei Dunkelheit, und in eurer Erschöpfung gebt ihr wieder, was die Erschöpften sagten.

Und ich sage, das Leben ist in der Tat Dunkelheit, wenn der Trieb fehlt.

Und aller Trieb ist blind, wenn das Wissen fehlt.

Und alles Wissen ist vergeblich, wenn die Arbeit fehlt.

Und alle Arbeit ist leer, wenn die Liebe fehlt.

Und wenn ihr mit Liebe arbeitet, bindet ihr euch an euch selber und an einander und an Gott.

Und was heißt, mit Liebe arbeiten?

Es heißt, das Tuch mit Fäden weben, die aus euren Herzen gezogen sind, als solle euer Geliebter dieses Tuch tragen.

Es heißt, ein Haus mit Zuneigung bauen, als solle eure Geliebte in dem Haus wohnen.

Es heißt, den Samen mit Zärtlichkeit säen und die Ernte mit Freude einbringen, als solle euer Geliebter die Frucht essen.

Es heißt, allen Dingen, die ihr macht, einen Hauch eures Geistes einflößen,

Und zu wissen, dass die selig Verstorbenen um euch stehen und zusehen.

Oft habe ich euch sagen hören, als sprächet ihr im Schlaf: »Der mit Marmor arbeitet und im Stein die Gestalt seiner Seele wiederfindet, ist edler als der, der den Boden pflügt.

Und der den Regenbogen ergreift, um ihn auf einer Leinwand zum Ebenbild des Menschen zu machen, ist mehr als der, der die Sandalen für unsere Füße macht.«

Aber ich sage nicht im Schlaf, sondern in der Überwachheit der Mittagsstunde, dass der Wind zu den riesigen Eichen nicht süßer spricht als zum geringsten aller Grashalme;

Und der allein ist groß, der die Stimme des Windes in ein Lied verwandelt, das durch seine Liebe noch süßer wird.

Arbeit ist sichtbar gemachte Liebe.

Und wenn ihr nicht mit Liebe, sondern nur mit Widerwillen arbeiten könnt, lasst besser eure Arbeit und setzt euch ans Tor des Tempels und nehmt Almosen von denen, die mit Freude arbeiten.

Denn wenn ihr mit Gleichgültigkeit Brot backt, backt ihr ein bitteres Brot, das nicht einmal den halben Hunger des Menschen stillt.

Und wenn ihr die Trauben mit Widerwillen keltert, träufelt eure Abneigung ein Gift in den Wein.

Und auch wenn ihr wie Engel singt und das Singen nicht liebt, macht ihr die Ohren der Menschen taub für die Stimmen des Tages und die Stimmen der Nacht.

Von der Freude und vom Leid

Dann sagte eine Frau: Sprich uns von der Freude und vom Leid.

Und er antwortete:

Eure Freude ist euer Leid ohne Maske.

Und derselbe Brunnen, aus dem euer Lachen aufsteigt, war oft von euren Tränen erfüllt.

Und wie könnte es anders sein?

Je tiefer sich das Leid in euer Sein eingräbt, desto mehr Freude könnt ihr fassen.

Ist nicht der Becher, der euren Wein enthält, dasselbe Gefäß, das im Ofen des Töpfers gebrannt wurde?

Und ist nicht die Laute, die euren Geist besänftigt, dasselbe Holz, das mit Messern ausgehöhlt wurde?

Wenn ihr fröhlich seid, schaut tief in eure Herzen, und ihr werdet finden, dass nur das, was euch Leid bereitet hat, euch auch Freude gibt.

Wenn ihr traurig seid, schaut wieder in eure Herzen, und ihr werdet sehen, dass die Wahrheit um das weint, was euch Vergnügen bereitet hat.

Einige von euch sagen: »Freude ist größer als Leid«, und andere sagen: »Nein, Leid ist größer.«

Aber ich sage euch, sie sind untrennbar.

Sie kommen zusammen, und wenn einer allein mit euch

am Tisch sitzt, denkt daran, dass der andere auf eurem Bett schläft.

Wahrhaftig, wie die Schalen einer Waage hängt ihr zwischen eurem Leid und eurer Freude.

Nur wenn ihr leer seid, steht ihr still und im Gleichgewicht.

Wenn der Schatzhalter euch hochhebt, um sein Gold und sein Silber zu wiegen, muss entweder eure Freude oder euer Leid steigen oder fallen.

Von den Häusern

Dann trat ein Maurer vor und sagte: Sprich uns von den Häusern.

Und er antwortete und sagte:

Baut eine Laube nach euren Vorstellungen in der Wildnis, ehe ihr ein Haus innerhalb der Stadtmauern baut.

Denn so wie ihr Heimkehrer in der Dämmerung seid, so seid ihr auch Wanderer, ewig Ferne und Einsame.

Euer Haus ist euer größerer Körper.

Es wächst in der Sonne und schläft in der Stille der Nacht; und es ist nicht ohne Träume. Träumt euer Haus etwa nicht, und verlässt es nicht träumend die Stadt für Hain oder Hügel?

Könnte ich eure Häuser in meiner Hand sammeln und sie wie ein Sämann in Wald und Wiese ausstreuen!

Wären die Täler eure Straßen und die grünen Pfade eure Gassen, damit ihr einander durch die Weinberge besuchen könntet und mit dem Duft der Erde im Gewand kämet!

Aber das soll noch nicht sein.

In ihrer Angst trieben eure Vorväter euch zu nah zusammen. Und diese Angst wird noch eine kleine Weile dauern. Eine kleine Weile noch werden eure Stadtmauern eure Herde von euren Feldern trennen.

Und sagt mir, Leute von Orphalese,

Was habt ihr in diesen Häusern? Und was bewacht ihr hinter verriegelten Türen?

Habt ihr Frieden, den ruhigen Trieb, der eure Kraft offenbart?

Habt ihr Erinnerungen, schimmernde Bogen, die die Gipfel des Geistes umspannen?

Habt ihr Schönheit, die das Herz von Dingen, aus Holz und Stein geschaffen, zum heiligen Berg hinführt?

Sagt mir, habt ihr derlei in euren Häusern?

Oder habt ihr nur Bequemlichkeit und das Verlangen nach Bequemlichkeit, dem verstohlenen Ding, das euer Haus als Gast betritt, dann zum Wirt und schließlich zum Herrn wird?

Ja, und sie wird zum Bezähmer, und mit Haken und Geißel macht sie Marionetten aus euren höheren Wünschen.

Obwohl ihre Hände aus Seide sind, ist ihr Herz aus Eisen. Sie wiegt euch in den Schlaf, nur um neben eurem Bett zu stehen und sich über die Würde des Fleisches lustig zu machen.

Sie verspottet euren gesunden Verstand und legt ihn in Distelwolle wie ein zerbrechliches Gefäß.

Wahrhaftig, das Verlangen nach Bequemlichkeit tötet die Leidenschaft der Seele und folgt dann grinsend ihrem Leichenzug.

Aber ihr, Kinder der Erde, ihr Ruhelosen in der Ruhe, ihr werdet weder in die Falle gehen noch gezähmt werden.

Euer Haus soll kein Anker, sondern ein Mast sein.

Es soll kein schimmerndes Häutchen sein, das eine Wunde bedeckt, sondern ein Augenlid, das das Auge behütet.

Ihr sollt nicht eure Flügel falten, damit ihr durch Türen kommt, noch eure Köpfe beugen, damit sie nicht gegen eine Decke stoßen, noch Angst haben zu atmen, damit die Mauern nicht bersten und einstürzen.

Ihr sollt nicht in Gräbern wohnen, die von den Toten für die Lebenden gemacht sind.

Und obwohl von Pracht und Glanz, sollte euer Haus weder euer Geheimnis hüten, noch eure Sehnsucht beherbergen.

Denn was grenzenlos in euch ist, wohnt im Palast des Himmels, dessen Tor der Morgennebel ist und dessen Fenster die Lieder und die Stille der Nacht sind.

Von den Kleidern

Und der Weber sagte: Sprich uns von den Kleidern.

Und er antwortete:

Eure Kleider verbergen viel von eurer Schönheit, doch verstecken sie nicht das Unschöne.

Und obwohl ihr in Gewändern die Freiheit des Persönlichen sucht, könnt ihr darin einen Zügel und eine Kette finden.

Könntet ihr der Sonne und dem Wind mit mehr Haut und weniger Kleidung begegnen!

Denn der Atem des Lebens ist im Sonnenlicht, und die Hand des Lebens ist im Wind.

Einige von euch sagen: »Der Nordwind hat die Kleider gewoben, die wir tragen.«

Und ich sage: Ja, es war der Nordwind, aber Scham war sein Webstuhl, und Schlaffheit sein Faden.

Und als seine Arbeit getan war, lachte er im Wald.

Vergesst nicht, dass Züchtigkeit ein Schild gegen die Augen der Unreinen ist.

Und wenn die Unreinen nicht mehr sind, was ist Züchtigkeit dann anderes als eine Fessel und eine Trübung des Geistes?

Und vergesst nicht, dass es die Erde freut, eure nackten Füße zu spüren, und dass die Winde sich danach sehnen, mit eurem Haar zu spielen.

Vom Kaufen und Verkaufen

Und ein Kaufmann sagte: Sprich uns vom Kaufen und Verkaufen.

Und er antwortete und sagte:

Die Erde gibt euch ihre Frucht, und es wird euch an nichts mangeln, wenn ihr nur wisst, wie ihr eure Hände füllt.

Im Austausch der Gaben der Erde werdet ihr Fülle finden und gesättigt sein.

Doch wenn der Austausch nicht in Liebe und freundlicher Gerechtigkeit stattfindet, wird er bloß einige zur Gier und andere zum Hunger führen.

Wenn ihr Arbeiter des Meeres, der Felder und der Weinberge auf dem Markt die Weber, Töpfer und Gewürzhändler trefft,

Dann beschwört den höchsten Geist der Erde, in eure Mitte zu kommen und die Waagen und die Rechnungen zu segnen, die Wert gegen Wert abwägen.

Und duldet bei euren Tauschgeschäften nicht die mit leeren Händen, die ihre Worte gegen eure Arbeit verkaufen möchten.

Solchen Männern solltet ihr sagen:

»Kommt mit uns aufs Feld oder fahrt mit unseren Brüdern zur See und werft eure Netze aus;

Denn das Land und das Meer werden sich euch gegenüber genauso freigebig zeigen wie uns.«

Und wenn die Sänger und Tänzer und die Flötenspieler kommen, nehmt auch von ihren Gaben.

Denn auch sie sind Sammler von Früchten und Weihrauch, und was sie bringen, obwohl aus Träumen geschaffen, ist Kleidung und Nahrung für eure Seele.

Und bevor ihr den Marktplatz verlasst, seht zu, dass niemand mit leeren Händen seines Weges gegangen ist.

Denn der höchste Geist der Erde wird nicht friedlich auf dem Wind schlafen, bis die Bedürfnisse auch des Geringsten unter euch befriedigt sind.

Von Schuld und Sühne

Dann trat ein Richter der Stadt vor und sagte: Sprich uns von Schuld und Sühne.

Und er antwortete und sagte:

Wenn euer Geist mit dem Wind wandert, begeht ihr, allein und unbewacht, ein Unrecht an anderen und dadurch an euch selber.

Und für dieses begangene Unrecht müsst ihr am Tor der Seligen anklopfen und eine Weile unbeachtet warten.

Wie der Ozean ist das Göttliche in euch.

Es bleibt ewig unbefleckt.

Und wie der Äther erhebt es nur die Beflügelten.

Wie die Sonne auch ist das Göttliche in euch;

Es kennt nicht die Gänge des Maulwurfs, noch sucht es die Höhlen der Schlange.

Doch das Göttliche wohnt nicht allein in eurem Sein.

Vieles in euch ist noch Mensch, und vieles in euch ist noch nicht Mensch,

Sondern ein formloser Zwerg, der im Nebel schlafwandelt und nach seinem Erwachen sucht.

Und von dem Menschen in euch möchte ich jetzt sprechen.

Denn er ist es und nicht das Göttliche in euch und auch nicht der Zwerg im Nebel, der Schuld und Sühne kennt.

Oft habe ich euch von einem, der ein Unrecht begeht, reden hören, als sei er nicht einer von euch, sondern ein Fremder und ein Eindringling in eure Welt.

Aber ich sage euch, selbst wie der Heilige und Rechtschaffene nicht über das Höchste hinaussteigen kann, das in jedem von euch ist,

So kann der Böse und Schwache nicht tiefer fallen als das Niedrigste, das auch in euch ist.

Und wie ein einzelnes Blatt nicht ohne das stille Wissen des ganzen Baumes vergilbt,

So kann auch der Übeltäter kein Unrecht tun ohne den verborgenen Willen von euch allen.

Wie in einer Prozession geht ihr zusammen eurem göttlichen Ich entgegen.

Ihr seid der Weg und die Reisenden.

Und wenn einer von euch fällt, fällt er für die hinter ihm, eine Warnung vor dem Stolperstein.

Ja, und er fällt für die vor ihm, die, obgleich schneller und sicherer im Schritt, den Stein des Anstoßes nicht entfernten.

Und noch dies, mögen die Worte euch auch schwer auf dem Herzen liegen:

Der Ermordete ist nicht ohne Verantwortung an seiner Ermordung.

Und der Beraubte nicht schuldlos an seiner Beraubung.

Der Rechtschaffene ist nicht unschuldig an den Taten des Bösen.

Und der mit sauberen Händen ist nicht rein von den Taten des Missetäters.

Ja, der Schuldige ist sehr häufig das Opfer des Geschädigten.

Und noch öfter ist der Verurteilte der Sündenbock für den Schuldlosen und den nicht Beschuldigten.

Ihr könnt nicht den Gerechten vom Ungerechten trennen und nicht den Guten vom Bösen,

Denn sie stehen zusammen vor dem Angesicht der Sonne, wie der schwarze und der weiße Faden zusammengewoben sind.

Und wenn der schwarze Faden reißt, wird der Weber das ganze Gewebe prüfen und auch den Webstuhl untersuchen.

Wenn einer von euch die untreue Ehefrau zur Anklage bringt, soll er auch das Herz ihres Ehemannes in die Waagschale legen und seine Seele mit gleichem Maß messen.

Und der den Übeltäter auspeitschen will, soll den Geist dessen erforschen, dem Übles getan wurde.

Und wenn einer von euch im Namen der Rechtschaffenheit strafen und die Axt an den Baum des Bösen legen möchte, soll er ihn bis zu seinen Wurzeln prüfen;

Und wahrhaftig, er wird die Wurzeln des Guten und Bösen finden, des Fruchtbaren und des Unfruchtbaren, alle ineinander verflochten im stillen Herzen der Erde.

Und ihr Richter, die ihr gerecht sein wollt,

Welches Urteil sprecht ihr über den, der zwar aufrichtig im Fleisch, im Geist aber ein Dieb ist?

Welche Strafe verhängt ihr über den, der im Fleisch tötet, im Geist jedoch selber getötet wird?

Und wie verfolgt ihr den, der in seinen Handlungen ein Betrüger und Unterdrücker,

Doch auch gekränkt und verletzt ist?

Und wie werdet ihr die bestrafen, deren Reue schon größer ist als ihre Untaten?

Ist nicht die Reue das Recht, das von dem Gesetz gesprochen wird, dem ihr gern dienen würdet?

Doch ihr könnt nicht dem Unschuldigen Reue auferlegen, noch sie dem Herzen des Schuldigen abnehmen.

Unaufgefordert wird sie in der Nacht anklopfen, damit die Menschen wachen und sich anschauen.

Und wie wollt ihr Gerechtigkeit verstehen, wenn ihr nicht alle Taten im vollen Licht anschaut?

Erst dann werdet ihr wissen, dass der Aufrechte und der Gefallene nichts als ein Mensch sind, der zwischen der Nacht seines kleinlichen Ichs und dem Tag seines göttlichen Ichs im Dämmer steht,

Und dass der Eckstein des Tempels nicht höher ist als der niedrigste Stein in seinem Fundament.

Von den Gesetzen

Dann sagte ein Rechtsgelehrter: Aber wie ist es mit unseren Gesetzen, Meister?

Und er antwortete:

Es freut euch, Gesetze zu erlassen,

Doch mehr freut es euch, sie zu brechen,

Wie Kinder, die am Meer spielen und mit Aus dauer Sandburgen bauen, um sie dann lachend zu zerstören.

Aber während ihr eure Sandburgen baut, bringt der Ozean mehr Sand an den Strand,

Und wenn ihr sie zerstört, lacht der Ozean mit euch.

Wahrhaftig, der Ozean lacht immer mit den Unschuldigen.

Aber was ist mit denen, für die das Leben kein Ozean ist und für die von Menschen gemachte Gesetze keine Sandburgen sind, sondern für die das Leben ein Fels ist und das Gesetz ein Meißel, mit dem sie es gern nach ihrem Ebenbild formen möchten?

Was mit dem Krüppel, der die Tänzer hasst?

Was mit dem Ochsen, der sein Joch liebt und den Elch und das Wild des Waldes für streunende und heimatlose Wesen hält?

Was mit der alten Schlange, die ihre Haut nicht abstreifen kann und alle anderen nackt und schamlos nennt?

Und was mit dem, der früh vom Hochzeitsfest kommt und übersättigt seines Weges geht und sagt, dass alle Feste Gesetzesübertretungen seien und alle Feiernden Gesetzesbrecher?

Was soll ich von jenen sagen, außer dass auch sie im Sonnenlicht stehen, aber mit dem Rücken zur Sonne?

Sie sehen nur ihre Schatten, und ihre Schatten sind ihre Gesetze.

Und was ist ihnen die Sonne anderes als etwas, das Schatten wirft?

Und was heißt, die Gesetze anzuerkennen anderes als sich zu bücken und ihre Schatten auf der Erde nachzuzeichnen?

Aber ihr, die ihr mit dem Angesicht zur Sonne geht, welche auf die Erde gezeichneten Bilder können euch halten?

Ihr, die ihr mit dem Wind reist, welcher Wetterhahn soll euch den Weg weisen?

Welches Menschengesetz soll euch binden, wenn ihr euer Joch zerbrecht, aber an niemandes Gefängnistür rüttelt?

Welche Gesetze sollt ihr fürchten, wenn ihr tanzt, aber über niemandes eiserne Ketten stolpert?

Und wer soll euch vor Gericht stellen, wenn ihr euer Gewand herunterreißt, aber es niemandem an den Weg legt?

Leute von Orphalese, ihr könnt die Trommel dämpfen und die Saiten der Leier lockern, doch wer soll der Lerche befehlen, nicht zu singen?

Von der Freiheit

Und ein Redner sagte: Sprich uns von der Freiheit.

Und er antwortete:

Am Stadttor und an eurem Herd habe ich euch unterwürfig und in Anbetung eurer Freiheit gesehen,

Wie Sklaven sich vor einem Tyrannen erniedrigen und ihn preisen, obwohl er sie tötet.

Ja, im Hain des Tempels und im Schatten der Zitadelle habe ich die Freiesten unter euch ihre Freiheit als Joch und Handschellen tragen sehen.

Und das Herz blutete mir; denn ihr könnt nur frei sein, wenn selbst der Wunsch, die Freiheit zu suchen, euch zum Zügel wird und wenn ihr aufhört, von Freiheit als Ziel und Erfüllung zu reden.

Wirklich frei werdet ihr nicht sein, wenn eure Tage ohne Sorge sind und eure Nächte ohne jeden Wunsch und Kummer,

Sondern erst dann, wenn sie euer Leben umfassen und ihr euch dennoch nackt und ungebunden über sie erhebt.

Und wie wollt ihr euch über eure Tage und Nächte erheben, wenn ihr nicht die Ketten brecht, die ihr im Morgengrauen eures Verstehens eurer Mittagsstunde angelegt habt?

In Wahrheit ist das, was ihr Freiheit nennt, die stärkste dieser Ketten, wenn auch ihre Glieder in der Sonne glitzern und eure Augen blenden.

Und was sind es anders als Teile eures eigenen Ichs, die ihr ablegen wollt, um frei zu werden?

Wenn es ein ungerechtes Gesetz ist, das ihr abschaffen wollt, dann habt ihr es mit eigener Hand auf eure Stirn geschrieben.

Ihr könnt es nicht auslöschen, indem ihr eure Gesetzbücher verbrennt oder die Stirn eurer Richter wascht, und wenn ihr das Meer darauf gießt.

Und wenn es ein Despot ist, den ihr vom Thron stürzen wollt, seht zu, dass sein Thron zerstört wird, den ihr in euch errichtet habt.

Denn wie kann ein Tyrann die Freien und Stolzen regieren, außer durch eine Tyrannei ihrer eigenen Freiheit und eine Scham über ihren eigenen Stolz?

Und wenn es eine Sorge ist, die ihr ablegen wollt, ist diese Sorge eher von euch gewählt als euch auferlegt.

Und wenn es eine Angst ist, die ihr verjagen wollt, ist der Sitz dieser Furcht in eurem Herzen und nicht in der Hand des Gefürchteten.

Wahrhaftig, all das umarmt sich ständig in euch, das Ersehnte und das Gefürchtete, das Abstoßende und das Geschätzte, das Erstrebte und das, dem ihr ausweichen wollt.

All das bewegt sich paarweise in euch wie Licht und Schatten, die einander verhaftet sind.

Und wenn der Schatten verblasst und nicht mehr da ist, wird das Licht, das verweilt, zum Schatten eines anderen Lichts.

Und so wird eure Freiheit, wenn sie ihre Fesseln ablegt, selber zur Fessel einer größeren Freiheit.

Von Vernunft und Leidenschaft

Und wieder sprach die Priesterin: Sprich uns von der Vernunft und von der Leidenschaft.

Und er antwortete und sagte:

Eure Seele ist oft ein Schlachtfeld, auf dem eure Vernunft und euer Verstand Krieg gegen eure Leidenschaft und eure Gelüste führen.

Könnte ich der Friedensstifter in eurer Seele sein und den Missklang und die Zwietracht eurer Wesen in Einklang und Harmonie verwandeln!

Aber wie kann ich das, wenn ihr nicht selber auch Friedensstifter seid, nein, mehr noch, euer ganzes Wesen liebt?

Eure Vernunft und eure Leidenschaft sind das Ruder und die Segel eurer seefahrenden Seele.

Wenn eure Segel oder Ruder brechen, könnt ihr nur noch schlingern und treiben oder auf hoher See festgehalten werden.

Denn die Vernunft ist, wenn sie allein waltet, eine einengende Kraft; und unbewacht ist die Leidenschaft eine Flamme, die bis zur Selbstzerstörung brennt.

Daher lasst die Seele eure Vernunft auf den Gipfel der Leidenschaft heben, damit sie singt;

Und lasst sie eure Leidenschaft mit Vernunft lenken, damit eure Leidenschaft ihre tägliche Auferstehung erlebt und sich wie der Phönix aus der Asche erhebt.

Ich wollte, ihr betrachtetet euren Verstand und eure Gelüste wie zwei geliebte Gäste in eurem Haus.

Sicher würdet ihr einen Gast nicht mehr ehren als den anderen; denn wer den einen mehr beachtet, verliert die Liebe und das Vertrauen beider.

Wenn ihr zwischen den Hügeln im kühlen Schatten der weißen Pappeln sitzt und am Frieden und der Heiterkeit der Felder und Wiesen teilhabt – dann lasst euer Herz schweigend sagen: »Gott ruht in der Vernunft.«

Und wenn der Sturm kommt und der mächtige Wind den Wald erschüttert und Donner und Blitz die Erhabenheit des Himmels verkünden – dann lasst euer Herz in Ehrfurcht sagen: »Gott bewegt sich in der Leidenschaft.«

Und da ihr ein Atemzug in Gottes Sphäre seid und ein Blatt in Gottes Wald, sollt auch ihr in der Vernunft ruhen und in der Leidenschaft euch regen.

Vom Schmerz

Und eine Frau sagte: Sprich uns vom Schmerz.

Und er antwortete:

Euer Schmerz ist das Zerbrechen der Schale, die euer Verstehen umschließt.

Wie der Kern der Frucht zerbrechen muss, damit sein Herz die Sonne erblicken kann, so müsst auch ihr den Schmerz erleben.

Und könntet ihr in eurem Herzen das Staunen über die täglichen Dinge des Lebens bewahren, würde euch der Schmerz nicht weniger wundersam scheinen als die Freude; und ihr würdet die Jahreszeiten eures Herzens hinnehmen, wie ihr stets die Jahreszeiten hingenommen habt, die über eure Felder streifen;

Und ihr würdet die Winter eures Kummers mit Heiterkeit überstehen.

Vieles von eurem Schmerz ist selbstgewählt.

Er ist der bittere Trank, mit dem der Arzt in euch das kranke Ich heilt.

Daher traut dem Arzt und trinkt seine Arznei schweigend und still:

Denn seine Hand, obwohl schwer und hart, wird von der zarten Hand des Unsichtbaren gelenkt,

Und der Becher, den er bringt, ist, obwohl er eure Lippen verbrennt, geformt aus dem Ton, den der Töpfer mit seinen heiligen Tränen benetzt hat.

Von der Selbsterkenntnis

Und ein Mann sagte: Sprich uns von der Selbsterkenntnis.

Und er antwortete und sagte:

Eure Herzen kennen im Stillen die Geheimnisse der Tage und Nächte.

Aber eure Ohren dürsten nach den Klängen des Wissens in euren Herzen.

Ihr wollt in Worten wissen, was ihr in Gedanken immer gewusst habt.

Ihr wollt mit den Händen den nackten Körper eurer Träume berühren.

Und das ist gut so.

Die verborgene Quelle eurer Seele muss unbedingt emporsteigen und murmelnd zum Meer fließen;

Und der Schatz eurer unendlichen Tiefen möchte euren Augen offenbart werden.

Aber wiegt den unbekannten Schatz nicht mit Waagschalen;

Und erforscht die Tiefen eures Wissens nicht mit Messstock oder Senkschnur.

Denn das Ich ist ein Meer, grenzenlos und unermesslich.

Sagt nicht: »Ich habe die Wahrheit gefunden«, sondern lieber: »Ich habe eine Wahrheit gefunden.«

Sagt nicht: »Ich habe den Pfad der Seele gefunden.« Sagt lieber: »Ich habe die Seele auf meinem Pfad wandelnd getroffen.«

Denn die Seele wandelt auf allen Pfaden.

Die Seele wandelt nicht auf einer Linie, noch wächst sie wie ein Schilfrohr.

Die Seele entfaltet sich wie eine Lotosblume mit zahllosen Blättern.

Vom Lehren

Dann sagte ein Lehrer: Sprich uns vom Lehren.

Und er sagte:

Niemand kann euch etwas eröffnen, das nicht schon im Dämmern eures Wissens schlummert.

Der Lehrer, der zwischen seinen Jüngern im Schatten des Tempels umhergeht, gibt nicht von seiner Weisheit, sondern eher von seinem Glauben und seiner Liebe.

Wenn er wirklich weise ist, fordert er euch nicht auf, ins Haus seiner Weisheit einzutreten, sondern führt euch an die Schwelle eures eigenen Geistes.

Der Astronom kann euch von seinem Verständnis des Weltraums reden, aber er kann euch nicht sein Verständnis geben.

Der Musiker kann euch vom Rhythmus singen, der im Weltraum ist, aber er kann euch weder das Ohr geben, das den Rhythmus festhält, noch die Stimme, die ihn wiedergibt.

Und wer der Wissenschaft der Zahlen kundig ist, kann vom Reich der Gewichte und Maße berichten, aber er kann euch nicht dorthin führen.

Denn die Einsicht eines Menschen verleiht ihre Flügel keinem anderen.

Und wie jeder von euch allein in Gottes Wissen steht, so muss jeder von euch allein in seinem Wissen von Gott und seinem Verständnis der Erde sein.

Von der Freundschaft

Und ein junger Mann sagte: Sprich uns von der Freundschaft.

Und er antwortete und sagte:

Euer Freund ist die Antwort auf eure Nöte.

Er ist das Feld, das ihr mit Liebe besät und mit Dankbarkeit erntet.

Und er ist euer Tisch und euer Herd.

Denn ihr kommt zu ihm mit eurem Hunger, und ihr sucht euren Frieden bei ihm.

Wenn euer Freund frei heraus spricht, fürchtet ihr weder das »Nein« in euren Gedanken, noch haltet ihr mit dem »Ja« zurück.

Und wenn er schweigt, hört euer Herz nicht auf, dem seinen zu lauschen;

Denn in der Freundschaft werden alle Gedanken, alle Wünsche, alle Erwartungen ohne Worte geboren und geteilt, mit Freude, die keinen Beifall braucht.

Wenn ihr von eurem Freund weggeht, trauert ihr nicht;

Denn was ihr am meisten an ihm liebt, ist vielleicht in seiner Abwesenheit klarer, wie der Berg dem Bergsteiger von der Ebene aus klarer erscheint.

Und die Freundschaft soll keinen anderen Zweck haben, als den Geist zu vertiefen.

Denn Liebe, die etwas anderes sucht als die Offenbarung ihres eigenen Mysteriums, ist nicht Liebe, sondern ein ausgeworfenes Netz: und nur das Nutzlose wird gefangen.

Und lasst euer Bestes für euren Freund sein.

Wenn er die Ebbe eurer Gezeiten kennen muss, lasst ihn auch das Hochwasser kennen.

Denn was ist ein Freund, wenn ihr ihn nur aufsucht, um die Stunden totzuschlagen?

Sucht ihn auf, um die Stunden mit ihm zu er leben.

Denn er ist da, eure Bedürfnisse zu befriedigen, nicht aber eure Leere auszufüllen.

Und in der Süße der Freundschaft lasst Lachen sein und geteilte Freude.

Denn im Tau kleiner Dinge findet das Herz seinen Morgen und wird erfrischt.

Vom Reden

Und dann sagte ein Gelehrter: Sprich vom Reden.

Und er antwortete und sagte:

Ihr redet, wenn ihr aufhört, mit euren Gedanken in Frieden zu sein.

Und wenn ihr nicht länger in der Einsamkeit eures Herzens verweilen könnt, lebt ihr in euren Lippen, und das Wort ist euch Ablenkung und Zeitvertreib.

Und in vielen eurer Gespräche wird das Denken halb ermordet.

Denn der Gedanke ist ein Vogel, der Raum braucht und in einem Käfig von Worten zwar seine Flügel ausbreiten, aber nicht fliegen kann.

Es sind welche unter euch, die den Redseligen suchen, weil sie Angst haben, allein zu sein.

Die Stille des Alleinseins offenbart ihren Augen ihr nacktes Ich, und sie möchten flüchten.

Und es sind welche unter euch, die reden und dabei ohne Wissen oder Absicht eine Wahrheit aufdecken, die sie selber nicht verstehen.

Und wieder andere haben die Wahrheit in sich, aber sie drücken sie nicht in Worten aus.

In der Brust solcher Menschen weilt der Geist in rhythmischer Stille.

Wenn ihr euren Freund auf der Straße oder auf dem Marktplatz trefft, soll der Geist in euch eure Lippen bewegen und eure Zunge lenken.

Soll die Stimme in eurer Stimme zum Ohr seines Ohrs sprechen;

Denn seine Seele wird die Wahrheit eures Herzens bewahren, wie man sich an den Geschmack von Wein erinnert.

Wenn auch seine Farbe vergessen und das Gefäß nicht mehr da ist.

Von der Zeit

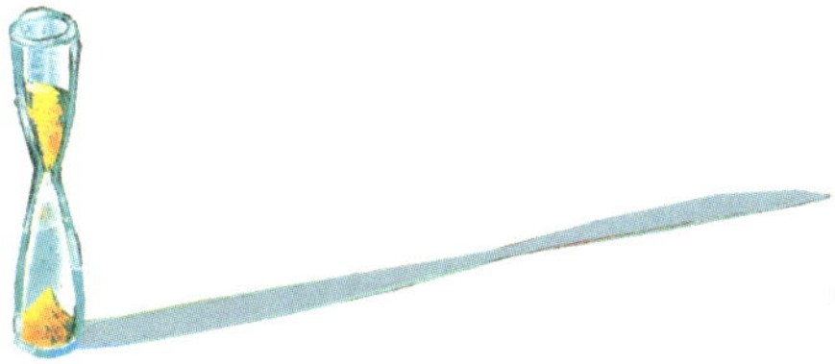

Und ein Astronom sagte: Meister, was ist mit der Zeit?

Und er antwortete:

Ihr wollt die Zeit messen, die maßlose und unermessliche.

Nach Stunden und Jahreszeiten wollt ihr euren Wandel richten und sogar den Lauf des Geistes lenken.

Aus der Zeit wollt ihr einen Strom machen, an dessen Ufer ihr sitzt und zuschaut, wie er fließt.

Doch das Zeitlose in euch ist sich der Zeitlosigkeit des Lebens bewusst,

Und weiß, dass Gestern nichts anderes ist als die Erinnerung von Heute und Morgen der Traum von Heute,

Und dass, was in euch singt und sinnt, immer noch innerhalb der Grenzen jenes ersten Augenblicks weilt, der die Sterne in den Weltraum schleuderte.

Wer unter euch fühlt nicht, dass seine Kraft zu lieben grenzenlos ist?

Und wer fühlt dennoch nicht, dass die Liebe, obgleich grenzenlos, im Kern seines Seins eingeschlossen ist und nicht von Liebesgedanken zu Liebesgedanken oder von Liebestat zu Liebestat zieht?

Und ist nicht die Zeit wie die Liebe, ungeteilt und ungezügelt?

Doch wenn ihr in eurem Denken die Zeit in Jahreszeiten messen müsst, lasst eine jede Jahreszeit all die anderen umfassen.

Und lasst das Heute die Vergangenheit mit Erinnerung umschlingen und die Zukunft mit Sehnsucht.

Vom Guten und Bösen

Und einer der Ältesten der Stadt sagte: Sprich uns vom Guten und Bösen.

Und er antwortete:

Vom Guten in euch kann ich sprechen, aber nicht vom Bösen.

Denn was ist das Böse anderes als das Gute, von seinem eigenen Hunger und Durst gequält?

Wahrhaftig, wenn das Gute hungrig ist, sucht es Nahrung sogar in dunklen Höhlen;

Und wenn es durstig ist, trinkt es sogar aus toten Gewässern.

Ihr seid gut, wenn ihr eins mit euch seid.

Doch wenn ihr nicht eins mit euch seid, seid ihr dennoch nicht böse.

Denn ein uneiniges Haus ist keine Räuberhöhle; es ist nur ein entzweites Haus.

Und ein Schiff ohne Ruder kann ziellos zwischen gefährlichen Inseln treiben und doch nicht auf den Grund sinken.

Ihr seid gut, wenn ihr danach strebt, von euch selber zu geben.

Doch ihr seid nicht böse, wenn ihr danach trachtet, etwas für euch selber zu gewinnen.

Denn wenn ihr nach Gewinn trachtet, seid ihr nichts als

eine Wurzel, die sich an die Erde klammert und an ihrer Brust saugt.

Sicher kann die Frucht nicht zur Wurzel sagen:

»Sei wie ich, reif und voll, und gib immer von deiner Fülle.« Denn für die Frucht ist das Geben eine Notwendigkeit, so wie Empfangen eine Notwendigkeit für die Wurzel ist.

Ihr seid gut, wenn ihr hellwach seid in eurer Rede,

Doch ihr seid nicht böse, wenn ihr schlaft, während eure Zunge ziellos stammelt.

Und selbst holpriges Reden kann eine schwache Zunge kräftigen.

Ihr seid gut, wenn ihr fest und mit kühnen Schritten auf euer Ziel zugeht.

Doch ihr seid nicht böse, wenn ihr hinkend darauf zugeht.

Selbst die Hinkenden gehen nicht rückwärts.

Aber ihr, die ihr stark und schnell seid, seht zu, dass ihr nicht vor den Lahmen hinkt und es für Freundlichkeit haltet.

Ihr seid auf zahllose Weisen gut, und ihr seid nicht böse, wenn ihr nicht gut seid,

Ihr seid nur säumig und faul.

Schade, dass die Hirsche den Schildkröten nicht Schnelligkeit beibringen können.

In eurer Sehnsucht nach eurem höchsten Ich liegt eure Güte, und diese Sehnsucht ist in allen von euch.

Aber in einigen von euch ist diese Sehnsucht ein Wildwasser, das mit Macht zum Meer rast und die Geheimnisse der Hügel und die Lieder des Waldes mit sich trägt.

Und in anderen ist sie ein flacher Bach, der sich in Windungen und Biegungen verliert und sich aufhält, ehe er die Küste erreicht.

Aber wer viel ersehnt, sage nicht zu dem, der wenig ersehnt: »Warum bist du so langsam und zaghaft?«

Denn der wahrhaft Gute fragt nicht den Nackten: »Wo ist dein Gewand?« und auch nicht den Obdachlosen: »Was ist mit deinem Haus geschehen?«

Vom Beten

Dann sagte eine Priesterin: Sprich uns vom Beten.

Und er antwortete und sagte:

Ihr betet in eurer Not und Pein; würdet ihr doch auch in der Fülle eurer Freude und in den Tagen des Überflusses beten. Denn was ist das Gebet anderes als die Entfaltung eurer selbst in den lebendigen Äther hinein?

Und wenn es zu eurem Trost ist, das Finstere in euch in den Raum zu ergießen, ist es auch zu eurer Freude, die Morgenröte eures Herzens darin zu verströmen.

Und wenn ihr nichts anderes könnt als weinen, wenn eure Seele euch zum Beten aufruft, sollte sie euch trotz des Weinens immer und immer wieder dazu anspornen, bis ihr lacht.

Wenn ihr betet, erhebt ihr euch und trefft in den Lüften jene, die zur selben Stunde beten und denen ihr nur im Gebet begegnen könnt.

Daher soll euer Besuch in diesem unsichtbaren Tempel nur der Verzückung und süßen Kommunion dienen.

Denn wenn ihr den Tempel aus keinem anderen Grund betreten solltet, als zu bitten, werdet ihr nicht empfangen.

Und wenn ihr ihn betreten solltet, um euch zu erniedrigen, werdet ihr nicht erhöht.

Oder sogar wenn ihr ihn betreten solltet, um zum Wohl anderer zu bitten, werdet ihr nicht erhört.

Es ist genug, *dass* ihr den unsichtbaren Tempel betretet.

Ich kann euch nicht lehren, wie man in Worten betet.

Gott hört nicht auf eure Worte, außer wenn Er selber sie durch eure Lippen ausspricht.

Und ich kann euch nicht das Gebet der Meere und der Wälder und der Berge lehren.

Aber ihr, die ihr aus den Bergen und den Wäldern und den Meeren geboren seid, könnt ihr Gebet in eurem Herzen finden, und wenn ihr nur in der Stille der Nacht hinhört, werdet ihr sie schweigend sagen hören:

»Unser Gott, der du bist unser geflügeltes Ich, es ist dein Wille in uns, der will.

Es ist dein Wunsch in uns, der wünscht.

Es ist dein Drängen in uns, das unsere Nächte, die dein sind, in Tage verwandelt, die auch dein sind.

Wir können dich um nichts bitten, denn du kennst unsere Bedürfnisse, ehe sie in uns geboren werden:

Dich brauchen wir; und indem du uns mehr von dir gibst, gibst du uns alles.«

Vom Vergnügen

Dann trat ein Einsiedler vor, der die Stadt einmal im Jahr besuchte, und sagte: Sprich uns vom Vergnügen.

Und er antwortete und sagte:

Vergnügen ist ein Lied der Freiheit,

Aber es ist keine Freiheit.

Es ist die Blüte eurer Wünsche,

Aber es ist nicht ihre Frucht.

Es ist eine Tiefe, die nach einer Höhe ruft,

Aber es ist weder tief noch hoch.

Es ist das Vergitterte, das sich davonschwingt,

Aber es ist nichts Raumumfassendes.

Ja, wahrhaftig, Vergnügen ist ein Lied der Freiheit.

Und gerne hätte ich, ihr würdet es aus vollem Herzen singen; doch will ich nicht, dass ihr eure Herzen beim Singen verliert.

Einige Junge unter euch suchen das Vergnügen, als sei es alles, und sie werden getadelt und verurteilt.

Ich würde sie weder tadeln noch verurteilen. Ich würde sie suchen lassen.

Denn sie werden Vergnügen finden, aber nicht es allein:

Sieben Schwestern hat es an der Zahl, und die geringste von ihnen ist schöner als das Vergnügen.

Habt ihr nicht von dem Mann gehört, der in der Erde nach

Wurzeln grub und einen Schatz fand? Und einige Ältere unter euch erinnern sich an Vergnügungen mit Bedauern wie an Untaten, begangen in der Trunkenheit.

Aber Bedauern ist die Trübung des Geistes und nicht seine Läuterung.

Sie sollten sich ihrer Vergnügungen mit Dankbarkeit erinnern, wie an die Ernte eines Sommers.

Doch wenn Bedauern sie tröstet, soll es sie trösten.

Und es sind welche unter euch, die weder jung genug sind, um zu suchen, noch alt genug, um sich zu erinnern;

Und in ihrer Angst vor dem Suchen und Erinnern scheuen sie alle Vergnügungen, damit sie den Geist nicht vernachlässigen oder sich daran versündigen.

Aber selbst in ihrem Verzicht liegt Vergnügen.

Und so finden auch sie einen Schatz, obwohl sie mit zitternden Händen nach Wurzeln graben.

Aber sagt mir, wer kann den Geist verletzen?

Wird die Nachtigall die Stille der Nacht verletzen oder der Glühwurm die Sterne?

Und wird eure Flamme oder euer Rauch dem Wind etwas aufbürden?

Meint ihr, der Geist sei ein stiller Tümpel, den ihr mit einem Stab aufwirbeln könnt?

Oft, indem ihr euch Vergnügen versagt, verlagert ihr bloß das Verlangen danach in die dunklen Winkel eures Seins.

Wer weiß, ob was heute ausgelassen scheint, nicht auf morgen wartet?

Selbst euer Körper kennt sein Erbe und seine berechtigten Bedürfnisse und will nicht betrogen werden.

Und euer Körper ist die Harfe eurer Seele,

Und es ist an euch, süße Musik aus ihm zu lockenoder wirre Töne.

Und nun fragt ihr in eurem Herzen: »Wie sollen wir das Gute am Vergnügen von dem unterscheiden, was nicht gut ist?«

Geht auf eure Felder und in eure Gärten, und ihr werdet lernen, dass es der Biene ein Vergnügen ist, Honig aus der Blume zu sammeln;

Aber es ist auch der Blume ein Vergnügen, ihren Honig der Biene zu geben.

Denn der Biene ist die Blume ein Quell des Lebens,

Und der Blume ist die Biene ein Bote der Liebe,

Und beiden, Biene und Blume, ist es Bedürfnis und Verzückung, Vergnügen zu geben und zu nehmen.

Leute von Orphalese, seid in euren Vergnügungen
wie die Blumen und die Bienen.

Von der Schönheit

Und ein Dichter sagte: Sprich uns von der Schönheit.

Und er antwortete:

Wo werdet ihr Schönheit suchen und sie finden, wenn sie nicht selber euer Weg und Führer ist?

Und wie werdet ihr von ihr sprechen, wenn sie nicht selber die Weberin eurer Rede ist?

Die Gekränkten und Verletzten sagen: »Schönheit ist gütig und sanft.

Wie eine junge Mutter, ein wenig schüchtern wegen ihrer eigenen Herrlicheit, geht sie unter uns.«

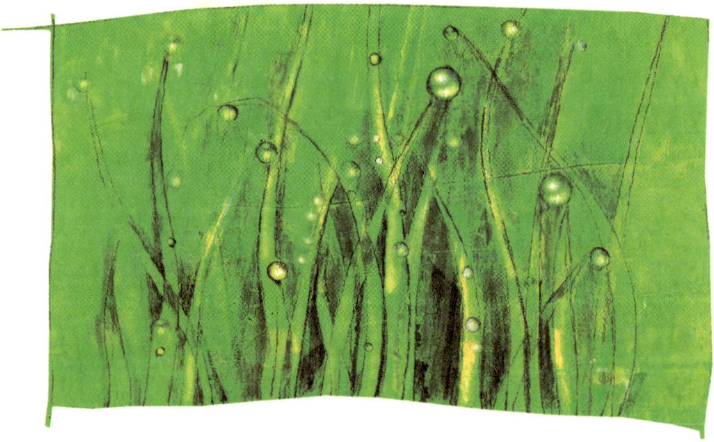

Und die Leidenschaftlichen sagen: »Nein, Schönheit ist ein machtvolles und Furcht erregendes Wesen.

Wie der Sturm schüttelt sie die Erde unter uns und den Himmel über uns.«

Die Müden und die Erschöpften sagen: »Schönheit ist sanftes Geflüster. Sie spricht in unserem Geist.

Ihre Stimme fügt sich unserer Stille wie ein schwaches Licht, das in Angst vor dem Schatten zittert.«

Doch die Ruhelosen sagen: »Wir haben sie in den Bergen rufen hören,

Und mit ihren Rufen kamen Hufgeräusche und Flügelschlagen und Löwengebrüll.«

Bei Nacht sagen die Wächter der Stadt: »Schönheit wird sich mit der Morgenröte aus dem Osten erheben.«

Und zur Mittagszeit sagen die Arbeiter und Wanderer: »Wir haben gesehen, wie sie sich aus den Fenstern der Abendröte über die Erde neigte.«

Im Winter sagen die Eingeschneiten: »Sie wird mit dem Frühling über die Hügel gesprungen kommen.«

Und in der Sommerhitze sagen die Schnitter: »Wir haben sie mit den Herbstblättern tanzen sehen, einen Schneestreif im Haar.«

All das habt ihr von der Schönheit gesagt.

Doch in Wahrheit spracht ihr nicht von ihr, sondern von unbefriedigten Bedürfnissen,

Und Schönheit ist kein Bedürfnis, sondern eine Verzückung.

Sie ist weder ein dürstender Mund noch eine leere ausgestreckte Hand,

Sondern ein entflammtes Herz und eine verzauberte Seele.

Sie ist weder das Bild, das ihr sehen möchtet, noch das Lied, das ihr hören möchtet;

Sondern ein Bild, das ihr seht, obwohl ihr eure Augen zumacht, und ein Lied, das ihr hört, obwohl ihr eure Ohren verschließt.

Sie ist weder der Saft in der schrundigen Rinde noch ein Flügel an einer Klaue,

Sondern ein Garten in ständiger Blüte und eine Engelschar in stetigem Flug.

Leute von Orphalese, Schönheit ist Leben, wenn das Leben sein heiliges Gesicht entschleiert.

Aber ihr seid das Leben, und ihr seid der Schleier.

Schönheit ist Ewigkeit, die sich in einem Spiegel anschaut.

Aber ihr seid die Ewigkeit, und ihr seid der Spiegel.

Von der Religion

Und ein alter Priester sagte: Sprich uns von der Religion.

Und er antwortete:

Habe ich heute von etwas anderem gesprochen?

Ist nicht jede Tat und jede Betrachtung Religion?

Und ist sie nicht gleichzeitig weder Tat noch Nachdenken, sondern ein Wunder und eine Überraschung, die ewig der Seele entspringen, selbst während die Hände den Stein behauen oder den Webstuhl bedienen?

Wer kann seinen Glauben von seinen Taten trennen oder seinen Glauben von seinen Tätigkeiten?

Wer kann seine Stunden vor sich ausbreiten und sagen: »Dies für Gott und dies für mich; dies für meine Seele und dies für meinen Körper?«

All eure Stunden sind Flügel, die von Ich zu Ich durch den Raum gleiten.

Wer seine Sittlichkeit bloß als sein bestes Gewand trägt, wäre besser nackt.

Der Wind und die Sonne werden keine Löcher in seine Haut reißen.

Und wer seinen Lebenswandel durch die Sittenlehre begrenzt, sperrt seinen Singvogel in einen Käfig.

Das freieste Lied dringt nicht durch Gitter und Draht.

Und wem die Andacht ein Fenster ist, das man öffnet und

schließt, der hat noch nicht das Haus seiner Seele besucht, dessen Fenster von Morgenröte zu Morgenröte reichen.

Euer tägliches Leben ist euer Tempel und eure Religion.

Wann immer ihr ihn betretet, nehmt alles mit, was ihr habt.

Nehmt den Pflug und den Amboss und den Hammer und die Laute,

Die Dinge, die ihr aus Notwendigkeit oder zur Freude geschaffen habt.

Denn in euren Tagträumen könnt ihr euch nicht über eure Leistungen erheben und auch nicht tiefer fallen als eure Misserfolge.

Und nehmt mit euch alle Menschen:

Denn in der Anbetung könnt ihr nicht höher fliegen als *ihre* Hoffnungen und euch nicht tiefer erniedrigen als *ihre* Hoffnungslosigkeit.

Und wenn ihr Gott erkennen wollt, bildet euch deshalb nicht ein, die Rätsel lösen zu können.

Schaut lieber um euch, und ihr werdet sehen, wie Er mit euren Kindern spielt.

Und schaut in den Raum; ihr werdet sehen, wie Er in der Wolke geht und Seine Arme im Blitz ausstreckt und im Regen herabsteigt.

Ihr werdet sehen, wie Er in den Blumen lächelt, aufsteigt und aus den Bäumen winkt.

Vom Tod

Dann sprach Almitra: Wir möchten nun nach dem Tod fragen.

Und er sagte:

Ihr möchtet das Geheimnis des Todes kennen lernen.

Aber wie werdet ihr es finden, wenn ihr es nicht im Herzen des Lebens sucht?

Die Eule, deren Nachtaugen am Tag blind sind, kann das Mysterium des Lichts nicht entschleiern.

Wenn ihr wirklich den Geist des Todes schauen wollt, öffnet eure Herzen weit dem Körper des Lebens.

Denn Leben und Tod sind eins, so wie der Fluss und das Meer eins sind.

In der Tiefe eurer Hoffnungen und Wünsche liegt euer stilles Wissen um das Jenseits;

Und wie Samen, der unter dem Schnee träumt, träumt euer Herz vom Frühling.

Traut den Träumen, denn in ihnen ist das Tor zur Ewigkeit verborgen.

Eure Angst vor dem Tod ist nichts als das Zittern des Hirten, wenn er vor dem König steht, der ihm zur Ehre die Hand auflegen wird.

Freut sich der Hirte unter seinem Zittern nicht, dass er das Zeichen des Königs tragen wird?

Doch gewahrt er sein Zittern nicht viel mehr?

Denn was heißt sterben anderes, als nackt im Wind zu stehen und in der Sonne zu schmelzen?

Und was heißt nicht mehr zu atmen anderes, als den Atem von seinen rastlosen Gezeiten zu befreien, damit er emporsteigt und sich entfaltet und ungehindert Gott suchen kann?

Nur wenn ihr vom Fluss der Stille trinkt, werdet ihr wirklich singen.

Und wenn ihr den Gipfel des Berges erreicht habt, dann werdet ihr anfangen zu steigen.

Und wenn die Erde eure Glieder fordert, dann werdet ihr wahrhaft tanzen.

Der Abschied

Und nun war es Abend.

Und Almitra, die Seherin, sagte: Gesegnet sei dieser Tag und dieser Ort und dein Geist, der geredet hat.

Und er antwortete: War ich der Redner? War ich nicht auch ein Zuhörer?

Dann ging er die Stufen des Tempels hinab, und alle folgten ihm. Und er erreichte sein Schiff und blieb auf dem Deck stehen.

Und sich nochmals an die Menschen wendend, erhob er die Stimme und sagte:

Leute von Orphalese, der Wind gebietet mir, euch zu verlassen.

Ich habe es weniger eilig als der Wind, doch ich muss gehen.

Wir Wanderer, die immer den einsameren Weg suchen, beginnen keinen Tag, wo wir den letzten beendet haben;

Liebe Leserin, lieber Leser,

gerne informieren wir Sie künftig über unsere Neuerscheinungen. Teilen Sie uns mit, für welche Themen Sie sich interessieren und schicken einfach diese Karte zurück.
Wenn Sie außerdem unsere Fragen auf der Rückseite beantworten, helfen Sie uns, zukünftig genau die Bücher zu machen, die SIE interessieren!

Gerne revanchieren wir uns für Ihre Mühe:
Unter allen Einsendern verlosen wir monatlich Bücher aus unseren Programmen im Wert von € 50,-

....
VORNAME / NAME

....
STRASSE / HAUSNUMMER

....
PLZ / ORT

....
E-MAIL

Bei Angabe Ihrer Mail-Adresse erhalten Sie rund 6 Mal jährlich unseren Newsletter, der Sie über die uns genannten Themenbereiche informiert.

Antwort

VERLAGSGRUPPE PATMOS

Senefelderstraße 12
D-73760 Ostfildern

und kein Sonnenaufgang findet uns, wo der Sonnenuntergang uns verließ.

Selbst während die Erde schläft, reisen wir.

Wir sind die Samen der beharrlichen Pflanze, und in unserer Reife und unserer Fülle des Herzens werden wir dem Wind preisgegeben und verstreut.

Kurz waren meine Tage unter euch und kürzer noch die Worte, die ich gesprochen habe.

Doch sollte meine Stimme in eurem Ohr verklingen und meine Liebe eurer Erinnerung entschwinden, dann werde ich wiederkommen,

Und mit reicherem Herzen und dem Geist willfährigeren Lippen werde ich sprechen.

Ja, ich werde wiederkehren mit der Flut;

Und mag der Tod mich verbergen und die größere Stille mich umhüllen, ich werde dennoch wieder euer Verstehen suchen.

Und nicht vergeblich werde ich suchen.

Wenn etwas wahr ist, das ich gesagt habe, wird diese Wahrheit sich in einer klareren Stimme offenbaren und in Worten, die euren Gedanken enger verwandt sind.

Ich fahre mit dem Wind, Leute von Orphalese, aber nicht in die Leere hinunter;

Und wenn dieser Tag nicht eine Erfüllung eurer Bedürfnisse und meiner Liebe ist, dann lasst ihn ein Versprechen auf einen anderen Tag sein.

Die Bedürfnisse des Menschen ändern sich, aber nicht

seine Liebe und nicht sein Wunsch, dass seine Liebe seine Bedürfnisse befriedigen sollte.

Darum wisst, dass ich aus der größeren Stille zurückkehren werde.

Der Nebel, der in der Morgenröte wegzieht und nichts als Tau auf den Feldern zurücklässt, wird emporsteigen und sich in einer Wolke sammeln und dann im Regen niederfallen.

Und nicht viel anders als der Nebel bin ich gewesen.

In der Stille der Nacht bin ich durch eure Straßen gegangen, und mein Geist ist in eure Häuser eingekehrt,

Und eure Herzschläge waren in meinem Herzen, und euer Atem war auf meinem Gesicht, und ich kannte euch alle.

Ja, ich kannte eure Freude und euren Schmerz, und wenn ihr schlieft, waren eure Träume die meinen.

Und oft war ich unter euch ein See zwischen Bergen.

Ich spiegelte die Gipfel in euch und die sich neigenden Abhänge und sogar die vorbeiziehenden Herden eurer Gedanken und eurer Wünsche.

Und in meine Stille drang das Lachen eurer Kinder in Bächen und die Sehnsucht eurer Jugendlichen in Strömen.

Und als sie meine Tiefe erreichten, hörten die Bäche und die Ströme noch nicht auf zu singen.

Aber Süßeres noch als Lachen und Größeres noch als Sehnsucht kam zu mir:

Es war das Grenzenlose in euch;

Der unermessliche Mensch, in dem ihr nichts anderes seid als Zellen und Sehnen; er, in dessen Gesang all euer Singen nichts als ein tonloses Pochen ist.

In ihm, dem unermesslichen Menschen, seid ihr unermesslich,

Und indem ihr ihn erschautet, erschaute ich euch und liebte euch.

Denn welche Entfernungen kann Liebe erreichen, die nicht in jener unermesslichen Sphäre sind?

Welche Visionen, welche Erwartungen und welche Mutmaßungen können sich höher aufschwingen als ihr Flug?

Wie eine riesige Eiche, bedeckt mit Apfelblüten, ist der unermessliche Mensch in euch.

Seine Macht bindet euch an die Erde, sein Duft hebt euch in den Raum, und in seiner Dauerhaftigkeit seid ihr unsterblich.

Euch ist gesagt worden, dass ihr gleich einer Kette so schwach seid wie euer schwächstes Glied.

Dies ist nur die halbe Wahrheit: Ihr seid auch so stark wie euer stärkstes Glied.

Euch nach eurer geringsten Tat zu messen, heißt, die Kraft des Ozeans nach der Zartheit seines Schaums zu berechnen.

Euch nach euren Misserfolgen zu beurteilen, heißt, den Jahreszeiten ihre Unbeständigkeit vorzuwerfen.

Ja, ihr seid wie ein Ozean,

Und obwohl fest verankerte Schiffe an euren Küsten die Flut erwarten, könnt ihr wie der Ozean doch nicht die Flut schneller herbeiführen.

Und auch wie die Jahreszeiten seid ihr,

Und obwohl ihr in eurem Winter euren Frühling leugnet,

Ruht doch der Frühling in euch und lächelt in seiner Benommenheit und ist nicht gekränkt.

Glaubt nicht, ich sage diese Dinge, damit der eine zu dem anderen sagt: »Er hat uns hoch gelobt. Er sah nichts als das Gute in uns.«

Ich drücke nur in Worten für euch aus, was ihr in Gedanken selber wisst.

Und was ist Wissen in Worten anderes als ein Schatten wortlosen Wissens?

Eure Gedanken und meine Worte sind Wellen aus einem versiegelten Gedächtnis, das Bericht gibt von unseren gestrigen Tagen,

Und von den alten Tagen, da die Erde weder uns noch sich selber kannte,

Und von Nächten, da die Erde in Verwirrung aufgewühlt war.

Weise sind zu euch gekommen, um euch von ihrer Weisheit zu geben. Ich kam, um von eurer Weisheit zu nehmen:

Und, seht, ich habe gefunden, was größer ist als Weisheit:

Es ist ein Flammengeist in euch, der sich immer mehr steigert, während ihr, seiner Entfaltung ungeachtet, das Vergehen eurer Tage beklagt.

Nur ein Leben, das das Leben im Körper sucht, fürchtet das Grab.

Hier gibt es keine Gräber.

Diese Berge und Ebenen sind eine Wiege und ein Trittstein.

Jedes Mal, wenn ihr an dem Feld vorbeikommt, in dem ihr eure Vorfahren beigesetzt habt, schaut richtig hin, und ihr werdet euch und eure Kinder Hand in Hand tanzen sehen.

Wahrhaftig, ihr seid oft vergnügt, ohne es zu wissen.

Andere sind zu euch gekommen, denen ihr für goldene Versprechungen, die sie euch auf euer Vertrauen hin gemacht haben, bloß Reichtum, Macht und Ruhm gegeben habt.

Weniger als ein Versprechen habe ich gegeben, und doch seid ihr großzügiger zu mir gewesen.

Ihr habt mir meinen tieferen Lebensdurst ge geben.

Sicher gibt es kein größeres Geschenk für einen Menschen als das, was all seine Ziele zu brennenden Lippen und alles Leben zu einem Brunnen macht.

Und darin liegt meine Ehre und meine Belohnung:

Jedes Mal, wenn ich zum Trinken an den Brunnen komme, finde ich das lebendige Wasser selber durstig;

Und es trinkt mich, während ich es trinke.

Manche von euch haben mich für zu stolz und zu scheu gehalten, um Geschenke anzunehmen.

Zu stolz bin ich wirklich, um Lohn anzunehmen, aber nicht, um Geschenke zu empfangen.

Und obwohl ich Beeren in den Hügeln gegessen habe, als ich an euren Tisch geladen war,

Und im Säulengang des Tempels geschlafen habe, als ihr mir mit Freude Obdach gewährt hättet,

War es zugleich nicht doch eure liebende Sorge um meine Tage und Nächte, die meinem Mund das Essen versüßte und meinen Schlaf mit Visionen umschloss?

Dafür segne ich euch am meisten:

Ihr gebt viel und wisst nicht, dass ihr etwas gebt.

Die Güte dagegen, die sich im Spiegel anschaut, wird zu Stein,

Und eine gute Tat, die sich mit zärtlichen Namen nennt, gebiert einen Fluch.

Und manche von euch haben mich unnahbar und von meinem Alleinsein trunken genannt,

Und ihr habt gesagt: »Er berät sich mit den Bäumen des Waldes, aber nicht mit Menschen.

Er sitzt allein auf Hügeln und schaut auf unsere Stadt herab.«

Wahr ist, ich bin auf die Hügel gestiegen und an entfernten Orten gewandert.

Wie hätte ich euch sehen können, wenn nicht aus großer Höhe oder weiter Ferne?

Wie kann man wirklich nah sein, wenn man nicht weit ist?

Und andere unter euch schalten mich ohne Worte, und sie sagten:

»Fremder, Liebhaber unerreichbarer Höhen, warum wohnst du in den Gipfeln, wo Adler ihre Nester bauen?

Welche Stürme willst du in deinem Netz fangen,

Und welche phantastischen Vögel jagst du am Himmel?

Komm und sei einer von uns!

Steig herab und still deinen Hunger mit unserem Brot und lösche deinen Durst mit unserem Wein!«

In der Einsamkeit ihrer Seelen sagten sie diese Dinge;

Doch wäre ihre Einsamkeit tiefer gewesen, hätten sie gewusst, dass ich nichts suchte als das Geheimnis eurer Freude und eures Schmerzes,

Und nur nach eurem höheren Ich jagte, das durch den Himmel streift.

Doch der Jäger war auch der Gejagte;

Denn viele meiner Pfeile verließen meinen Bogen nur, um meine eigene Brust zu suchen.

Und der Fliegende war auch der Kriechende;

Denn als meine Flügel in der Sonne ausgebreitet waren, war ihr Schatten auf der Erde eine Schildkröte.

Und ich, der Gläubige, war auch der Zweifler;

Denn oft habe ich den Finger in die eigene Wunde gelegt, damit mein Glaube an euch stärker und mein Wissen um euch größer werde.

Und mit diesem Glauben und diesem Wissen sage ich:

Ihr seid nicht in euren Körpern eingeschlossen, noch an die Häuser oder Felder gebunden.

Das, was ihr seid, wohnt über dem Berg und treibt mit dem Wind.

Es ist nicht etwas, das in der Sonne kriecht, um sich zu wärmen, oder Löcher ins Dunkel gräbt, um sicher zu sein;

Sondern etwas Freies, ein Geist, der die Erde umhüllt und sich im Äther bewegt.

Wenn dies unklare Worte sind, dann sucht nicht, sie zu klären.

Unklar und nebelhaft ist der Beginn aller Dinge, doch nicht ihr Ende;

Und ich hätte gern, dass ihr an mich als einen Beginn denkt.

Das Leben und alles, was lebt, ist im Nebel gezeugt und nicht im Kristall.

Und wer weiß, ob ein Kristall etwas anderes ist als Nebel in Zersetzung?

Darum möchte ich, dass ihr in der Erinnerung an mich denkt:

Was am schwächsten und verwirrtesten in euch scheint, ist das Stärkste und Entschlossenste.

Ist es nicht euer Atem, der den Bau eurer Knochen aufgerichtet und gefestigt hat?

Und ist es nicht ein Traum, an den keiner von euch sich erinnert, der eure Stadt baute und alles schuf, was darin ist?

Könntet ihr nur den Strom dieses Atems sehen, würdet ihr alles andere nicht mehr sehen;

Und wenn ihr das Geflüster des Traums hören könntet, würdet ihr keinen anderen Ton mehr hören.

Aber ihr seht nicht, und ihr hört nicht, und das ist gut.

Der Schleier, der eure Augen umwölkt, wird gehoben werden von den Händen, die ihn webten,

Und der Lehm, der eure Ohren füllt, wird durchbohrt werden von den Fingern, die ihn kneteten.

Und ihr werdet sehen.

Und ihr werdet hören.

Doch werdet ihr nicht beklagen, die Blindheit gekannt zu haben, noch bedauern, taub gewesen zu sein.

Denn an jenem Tag werdet ihr den verborgenen Sinn in allen Dingen erkennen.

Und ihr werdet die Dunkelheit preisen, wie ihr das Licht preisen würdet.

Nachdem er das gesagt hatte, schaute er um sich, und er sah den Lotsen seines Schiffes am Steuer stehen und nun auf die vollen Segel und dann wieder in die Weite schauen.

Und er sagte:

Geduldig, allzu geduldig ist der Kapitän meines Schiffes.

Der Wind weht, und rastlos sind die Segel.

Selbst das Ruder bittet um Lenkung;

Doch ruhig wartet mein Kapitän, dass ich schweige.

Und meine Seeleute, die den Chor des offenen Meeres gehört haben, auch sie haben mir geduldig zugehört.

Nun sollen sie nicht länger warten.

Ich bin bereit.

Der Strom hat das Meer erreicht, und noch einmal drückt die große Mutter ihren Sohn an die Brust.

Lebt wohl, Leute von Orphalese. Dieser Tag ist zu Ende.

Er schließt sich über uns, wie sich die Wasserlilie bis zum nächsten Morgen schließt.

Was uns hier gegeben wurde, werden wir bewahren,

Und wenn es nicht genügt, dann müssen wir abermals zusammenkommen und zusammen unsere Hände dem Geber entgegenstrecken.

Vergesst nicht, dass ich zu euch zurückkommen werde.

Eine kleine Weile noch, und meine Sehnsucht wird Staub und Schaum für einen anderen Körper sammeln.

Eine kleine Weile noch, ein Augenblick des Ruhens auf dem Wind, und eine andere Frau wird mich gebären.

Lebt wohl, ihr und die Jugend, die ich bei euch verbracht habe.

Erst gestern begegneten wir uns in einem Traum.

Ihr habt in meinem Alleinsein gesungen, und aus euren Sehnsüchten habe ich einen Turm in den Himmel gebaut.

Doch nun ist unser Schlaf entflohen, und unser Traum ist vorbei, und die Morgenröte ist vorüber.

Der Mittag steht über uns, und unser halbes Wachen ist zum volleren Tag geworden, und wir müssen scheiden.

Wenn wir uns im Dämmer der Erinnerung noch einmal begegnen sollten, werden wir wieder miteinander reden, und ihr werdet mir ein tieferes Lied singen.

Und wenn unsere Hände sich in einem anderen Traum begegnen sollten, werden wir einen weiteren Turm in den Himmel bauen.

Mit diesen Worten gab er den Seeleuten ein Zeichen, und sofort lichteten sie den Anker und lösten das Schiff von seiner Vertäuung und fuhren gen Osten.

Und ein Schrei erhob sich von den Menschen wie aus *einer* Brust, und er stieg in die Dämmerung und wurde wie von Fanfaren übers Meer getragen.

Nur Almitra schwieg und schaute dem Schiff nach, bis es im Nebel verschwunden war.

Und als die Menge sich zerstreut hatte, blieb sie noch allein auf der Kaimauer stehen und erinnerte sich in ihrem Herzen seiner Worte:

»Eine kleine Weile noch, ein Augenblick des Ruhens auf dem Wind, und eine andere Frau wird mich gebären.«